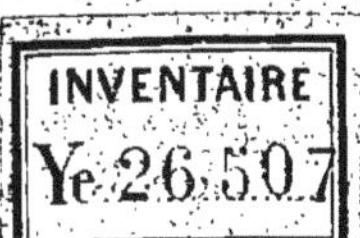

SOUVENIRS

D'INTERNAT

1844-1880

CHANSONS DU DOCTEUR LEVRAT

IMPRIMERIE GÉNÉRALE DE LYON
30, rue de Condé, 30.

1880

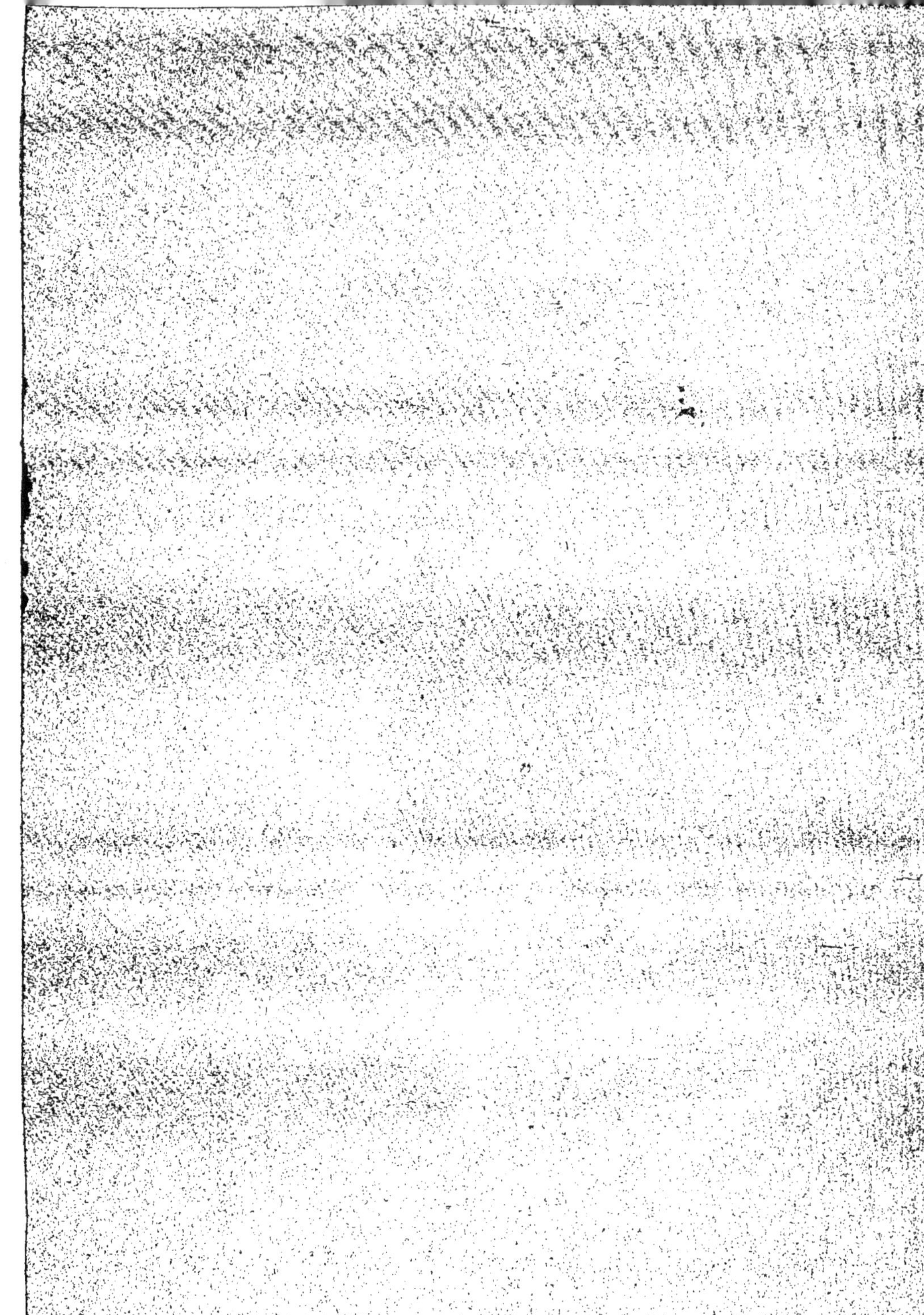

SOUVENIRS D'INTERNAT

SOUVENIRS D'INTERNAT

1844 - 1880

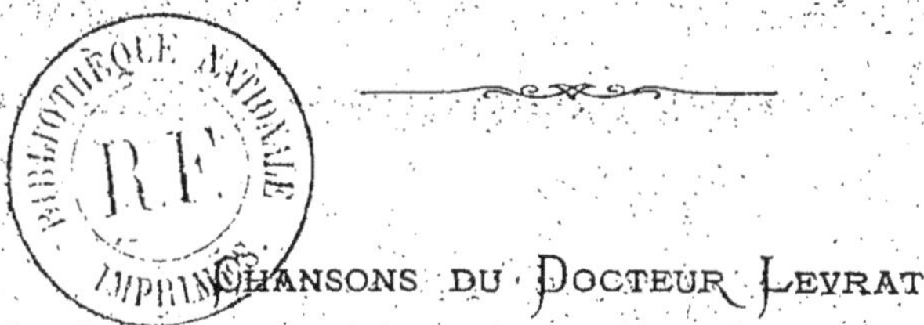

CHANSONS DU DOCTEUR LEVRAT

IMPRIMERIE GÉNÉRALE DE LYON
J.-E. ALBERT
30, rue de Condé, 30.

1880

Il a été tiré de cet ouvrage 150 exemplaires numérotés.

N°

AVIS DES ÉDITEURS

Ce petit livre, édité par l'amitié, est destiné à rappeler dans le temps présent, les heures joyeuses du passé, et à léguer à l'avenir les traditions d'une époque qu'il est inutile de qualifier, le poète s'en étant chargé.

Ses descriptions sont absolument anatomiques, qu'on nous passe l'expression.

Le docteur Félix Bron voudra bien recevoir nos remerciements, pour le dessin si bien réussi de notre ancienne demeure.

Les Commissaires,

GAY, CHAPPET, BOURLAND.

L'AMITIE FAIT LA GAITE
DEVOIR

BUREAU
des
ENTREES

A mes amis de collége qui voulaient faire imprimer mes chansons.

1856.

Air de *Béranger à l'Académie.*

Non, mes amis, ce n'est point la paresse
Qui m'empêcha de vous donner mes vers,
J'écris parfois ces fruits de notre ivresse
Que je vous conte un peu sur tous les airs;
C'est qu'au matin, lorsque je me dégrise,
Les chants du soir je les jette au panier,
Qu'à des Nadaud l'édition soit permise!
Moi, je n'écris que pour le chiffonnier!

Quand, tour à tour, suivant la circonstance,
J'ai chiffonné des larmes ou des ris,
Des chants d'amour ou des faits de science,
Laissons donc tout, hélas ! où je l'ai mis !
L'on traiterait ma muse d'inconstante,
L'on rirait trop d'un docteur chansonnier...
Postérité ! ta route est trop glissante !
Non... j'aime mieux n'aller qu'au chiffonnier !

Nous choisirons, dites-vous, dans le nombre ;
Les joyeux chants tout seuls seront admis.
Mauvais calcul, mes amis, je suis sombre ;
Les moins mauvais resteraient inédits !
Car il en est que moi-même j'oublie,
Dont je déchire avec soin le papier,
De mon panier même je me défie
En le livrant aux mains du chiffonnier ! !

Certains couplets, me dit-on, que tu jettes
Pourraient pourtant te valoir un appui.
Non, le grand jour est fait pour les poètes,
Moi je ne dois cheminer que de nuit !
Si j'ai parfois jasé de politique,
De ces chants-là je ne fais pas métier,
Et quand viendrait même la République...
Ces chants jamais n'iraient qu'au chiffonnier ! !

Que, bons voiliers, des oiseaux de passage
Loin de leur nid se laissent emporter!
Moi, gai pinson, fidèle à mon bocage,
En d'autres lieux je ne saurais chanter;
Laissez-moi donc, auprès de vous tranquille,
Suivre à l'écart du Parnasse un sentier,
Puis après moi que nos chants de famille,
Comme aujourd'hui, n'aillent qu'au chiffonnier!!

A un punch d'adieu où étaient venus plusieurs anciens internes, dont quelques-uns chirurgiens ou médecins des hôpitaux.

Hiver 1857.

Chantée avec accompagnement de *vielle*.

Gais Savoyards, descendez dans la plaine...
Loin de ce toit que l'hiver va blanchir,
Allez chercher le pain, l'habit de laine,
Que le pays ne peut plus vous fournir... !
Allez redire au loin vos chansonnettes! } *bis.*
Partez, enfants, munis de vos musettes !

Chaque saison arrache à la patrie
De bons amis qu'on aimait sous nos toits,
Puis, on en voit rentrer sans jalousie
Tout cousus d'or, habillés en bourgeois.
Les uns encor chantent leur chansonnette, } *bis.*
Mais il en est qui n'ont plus de musette.

Faites comme eux, revenez au village
Pour y rester, ou pour dire un bonjour.
Mais des grands airs n'ayez point le partage.
De la patrie ayez toujours l'amour!
Chantez toujours la même chansonnette, } *bis.*
Pour les amis gardez votre musette.

Ce qui console au sein de la chaumière,
C'est d'y revoir les seigneurs du hameau.
Ces chevaliers ont mis sur leur bannière :
« Hors du pays n'ayons pas de château. »
De nos enfants suivons les chansonnettes, } *bis.*
Sur nos vieux airs accordons nos musettes.

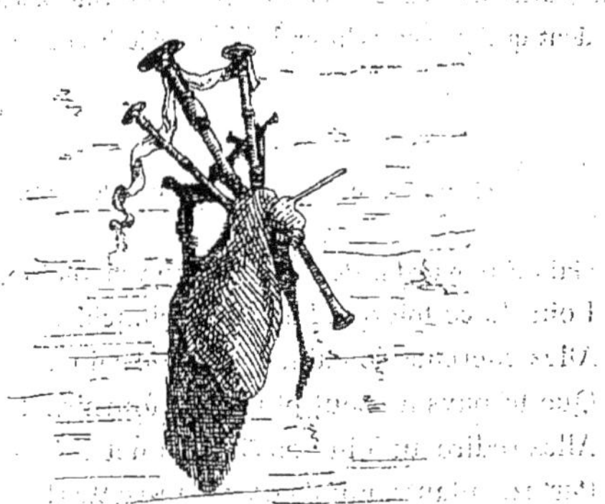

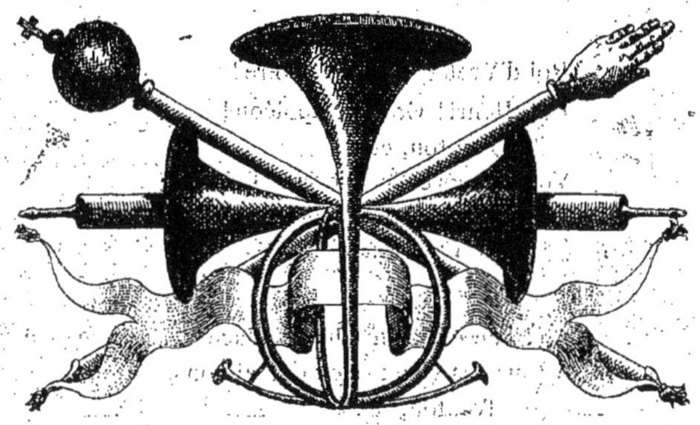

Improvisation au punch qui suivit la nomination de notre ami Gailleton au majorat de l'Antiquaille.

Air : *Allons, chasseur, vite en campagne.*

Entonnons ce chant de famille,
Ce gai refrain de vieux ton ton
Ton ton ton taine ton ton.
De trois concours chassons la bile,
Buvons au major Gailleton !
Ton ton, etc.

Le majorat est un empire
Dont l'internat est la nation,
Ton ton, etc.
Avec ce chef nous allons rire !
Salut à sa Constitution ! !
Ton ton, etc.

Roi d'Yvetot, aimant à boire !
Bon Henri ! Grand Napoléon !
Ton ton, etc.
Vos noms s'éclipsent dans l'histoire
Devant le roi de ma chanson ! !
Ton ton, etc.

Ah ! que n'a-t-on fait une place
A tous ces vieux que nous aimons,
Ton ton, etc.
Mais leur patience aura sa grâce !
Eux aussi nous les chanterons ! !
Ton ton, etc.

Je sais que demain sur ton trône
De plus grands bras t'encenseront... !
Ton ton, etc.
La gazette aura sa colonne.....
Mais le cœur devait sa chanson... !
Ton ton, etc.

LE CHEVREUIL

Chanson de chasse sur l'air du *Bas-Poitou*, chantée dans une ferme où l'aventure était, dit-on, arrivée.

1858.

Là, dans les temps, comme nous harassé,
Ventre plat comme gibecière,
Bon Henri Quatre, un jour ayant chassé
Vint frapper à cette chaumière...
Quoique l'on soit
Le roi
Entrons, qu'il dit,
Ici,
Mais ça sans nous faire connaître...
Sans coucher au manoir,
Ce soir,
Avec ces pauvres gueux
Je veux
Rire encor plus qu'avec leur maître! (*bis.*)

Il entre avec Sully, son chien d'arrêt,
Dit : Je sens une faim canine
N'ayant pas vu par là de cabaret,
Je viens tâter votre cuisine.
Maître du toît,
Benoît,
Vieil affûteur
Tout cœur,
Lui dit : Prends place à notre table !
Car là, dans les forêts,
Tu sais,
Les gens sont sans façons
Tout ronds,
Puis toi... tu m'as l'air d'un bon diable ! (*bis.*)

Tout aussitôt au prince l'on servait :
Une soupe aux choux pour potage,
Un pot de cidre, une tasse de lait,
Des œufs, du beurre et du fromage ;
Râflant le tout
D'un coup,
Le roi lui fit :
Petit,
En cherchant bien dans la marmite,
N'y trouverais-tu pas
Du gras ?
Car mon grand appétit
Me dit
Que je ne puis faire un ermite. (*bis.*)

Alors le vieux chasseur, clignant de l'œil,
Lui dit : Garde-toi de me vendre,
Hier, j'ai pris au lacet un chevreuil
Mais cela peut me faire pendre,
Vas, ne crains rien,
C'est bien,
Fais voir, morbleu,
Bon feu,
Tu ne peux mieux cacher ton crime !...
Mettons, sans coup férir,
Rôtir,
Le garde sera fin
Demain
S'il trouve un brin de la victime. (*bis.*)

L'on prend la bête, elle cuit, on la sert,
C'est grand festin dans la famille...
L'on est joyeux bien avant le dessert,
Un pot de vieux fait qu'on babille ;
Ventre-Saint-Gris !
Je dis,
Fit gros Benoît
Au roi,
Que rien ne doit valoir la chasse !
Si j'en avais pour moi
Le droit,
Je voudrais chaque soir
Avoir
A souper chevreuil et bécasse. (*bis.*)

L'on ripailla de la nuit au matin.
Henri s'amusa comme quatre !..
Puis à Benoît il dit le lendemain :
De tout gibier tu peux abattre !!...
Bons paysans,
Longtemps,
Rappelez-vous
Pour nous
La morale de cette histoire :
Chaque fois qu'un seigneur
Chasseur,
Par hasard passera
Par là,
... Vite il faut lui payer à boire. (*bis.*)

LE LIÈVRE DE TOUSSAINT

Légende chantée à Iseron, sur l'air des *Louis d'or*.

1858.

Un jour par là chaque fillette
Mettait son plus joli chapeau ;
C'était un jour de grande fête
Tout était riant au hameau...
Les cloches de la vieille église
Déjà sonnaient le rendez-vous,
Et de *Pied-Froid* la roche grise
En renvoyait au loin les coups (*bis*).
L'Iseron murmurait sans voile,
Les brouillards aux cieux le matin
N'ayant point remplacé l'étoile ;
C'était... un beau jour de Toussaint !
Oui ! de Toussaint !!

Seul, sans avoir fait sa prière,
Seul, du clocher sourd à la voix,
L'on aperçut dans la clairière
Un chasseur qui faisait le bois.
Paraissant craindre de le suivre,
Ses chiens n'avançaient qu'en tremblant;
Mais lui, que la passion enivre,
Les appuyait tout en jurant (*bis*).
Le vent, qui soufflait à tout fendre,
Furieux siffla dans le sapin,
Et l'impie aurait dû comprendre
Qu'il lui criait : C'est la Toussaint!
Oui! la Toussaint! (*bis*.)

Soudain au coin d'un taillis sombre,
Sans qu'un chien n'eût donné de voix,
Un lièvre passe comme une ombre.
Il n'a pas fait deux pas, ou trois...
Que le chasseur, baissant la tête,
Clignant un œil sûr et subtil,
Vise, tire... et raide l'arrête,
Raide mort d'un coup de fusil (*bis*.).
Ce coup sonna comme un tonnerre...
En l'entendant dans le lointain,
Les échos longtemps répétèrent :
... Malheur!... malheur!... c'est la Toussaint!
Oui! la Toussaint! (*bis*.)

Mais le pauvre homme, plein de joie,
De son adresse en se flattant,
Dans son carnier serre sa proie,
Puis repart sans perdre un instant.

Tout le jour, en courbant l'échine,
En s'essoufflant, en suant bien,
Dans le vallon, sur la colline
Il courut pour ne trouver rien (*bis.*)
Puis, quand des vêpres sonnait l'heure,
Ensorcelé dès le matin,
Bien las il gagnait sa demeure
Sans songer guère à la Toussaint!
A la Toussaint! (*bis.*)

Mais, horreur! quand la nuit commence
Le lièvre bondit du carnier
Et notre homme perd contenance
Devant Satan... affreux gibier...
L'animal, qui rit comme un diable
De s'être fait à dos porter,
Lui dit d'une voix effroyable:
... *C'est à mon tour de t'emporter !* (*bis.*)
Au lieu de sauter sur ses armes,
Priant saint Hubert, ce grand saint,
Le chasseur, en fondant en larmes,
Se rappelle que c'est Toussaint!
Oui! la Toussaint! (*bis.*)

Alors on entend dans la brume
Tout près de là les sons d'un cor.
Le diable inquiet, écoute... écume...
La sonnerie était sa mort,
C'était saint Hubert en personne
Qui sonnait au fond du vallon.
Reconnaissant bientôt qui sonne,
Satan disparaît d'un seul bond! (*bis.*)

Profitons tous de cette histoire
Croyez-moi, le fait est certain.
De saint Hubert en la mémoire,
L'on doit sanctifier la Toussaint !
Oui ! la Toussaint ! ! (*bis.*)

Chantée au café de l'Univers, pour le concours d'Ollier au majorat, au punch qui suivit sa nomination.

Air de *la Vigne.*

Amis! suivez le vieux trompette
Venez trinquer à la buvette,
Nous célébrons une victoire!
Deux enfants du même hameau
Ont illustré notre drapeau ;
A tous les deux il nous faut boire!!!
L'un, dès ce soir, a ses galons,
Et l'autre a de bien beaux chevrons!

Bon clairon, quand un camarade
Au champ d'honneur passe officier,
Si j'ai connu ce vieux troupier,
J'aime à fêter *(bis)* son nouveau grade!

4

Le clairon n'a pas d'ambitions,
Pas plus qu'il n'a de munitions,
Sa musique c'est sa giberne ;
On charge... il se tient à l'écart...
De lauriers il n'a point sa part,
Mais il égaye la caserne,
Et sonne fort quand il apprend
L'avancement d'un bon enfant !!

Bon clairon, etc.

L'internat est un régiment
Qui se comporte crânement,
C'est une drôle de brigade...
Après les combats dans ce corps
L'on voit se relever les morts,
Puis je leur dois leur sérénade.....
Sous les cyprès sont des lauriers !
Honneur ! honneur à ces guerriers !

Bon clairon, etc.

RIEN N'EST AFFREUX COMME UN TAMBOUR

Au lendemain de Solferino.

1859

Air de *Rochetaillée.*

Rien n'est doux comme le silence... !
Quand aucun bruit ne le distrait,
L'homme est heureux, en paix il pense,
Et de penser bon ça vous fait !
Pour faire du mal sur la terre
L'on a dû s'étourdir un jour,
L'on n'aurait jamais fait la guerre
Si l'on n'eût pas fait le tambour !

L'orage au fracas se mesure,
Le calme prédit un beau jour,
Le bruit est d'un méchant augure !
Rien n'est affreux comme un tambour !!! (*bis.*)

Pauvre Jeannot! loin du village,
En rentrant le soir au quartier,
De ton clocher tu vois l'image
Et tes brebis dans le sentier:
Tu sens venir de douces larmes,
Au souvenir de ces amours...
Mais soudain, ...l'on te crie : aux armes!
Tout s'enfuit au bruit des tambours!...

L'orage, etc.

Les ennemis sont dans la plaine...
Jeannot, comme tous les soldats,
Contre eux se sent bouillant de haine;
Mais sa raison lui dit tout bas :
Ils sont pourtant ce que nous sommes,
Dieu nous fit tous le même jour!
... Pour que s'entr'égorgent ces hommes
Vite on fait battre le tambour!...

L'orage, etc.

Jeannot revient sur des béquilles
Nous sommes vainqueurs! ran tan plan!!!
Vingt mille morts dorment tranquilles...
De tous l'Empereur est content!!!
Aux cris déchirants de la gloire
Tous afin de nous rendre sourds,
Pour qu'on pardonne à la victoire...
... Battez bien fort!... battez, tambours!

L'orage, etc.

Jeannot est mis à la retraite,
Avec une jambe de bois
Qui lui tient lieu de sa houlette.
Il est grand garçon cette fois !...
Matin et soir s'il déraisonne,
Ivre plus souvent qu'à son tour,
C'est que l'oreille lui bourdonne,
... Il croit entendre le tambour ! ! !

L'orage au fracas se mesure, etc.

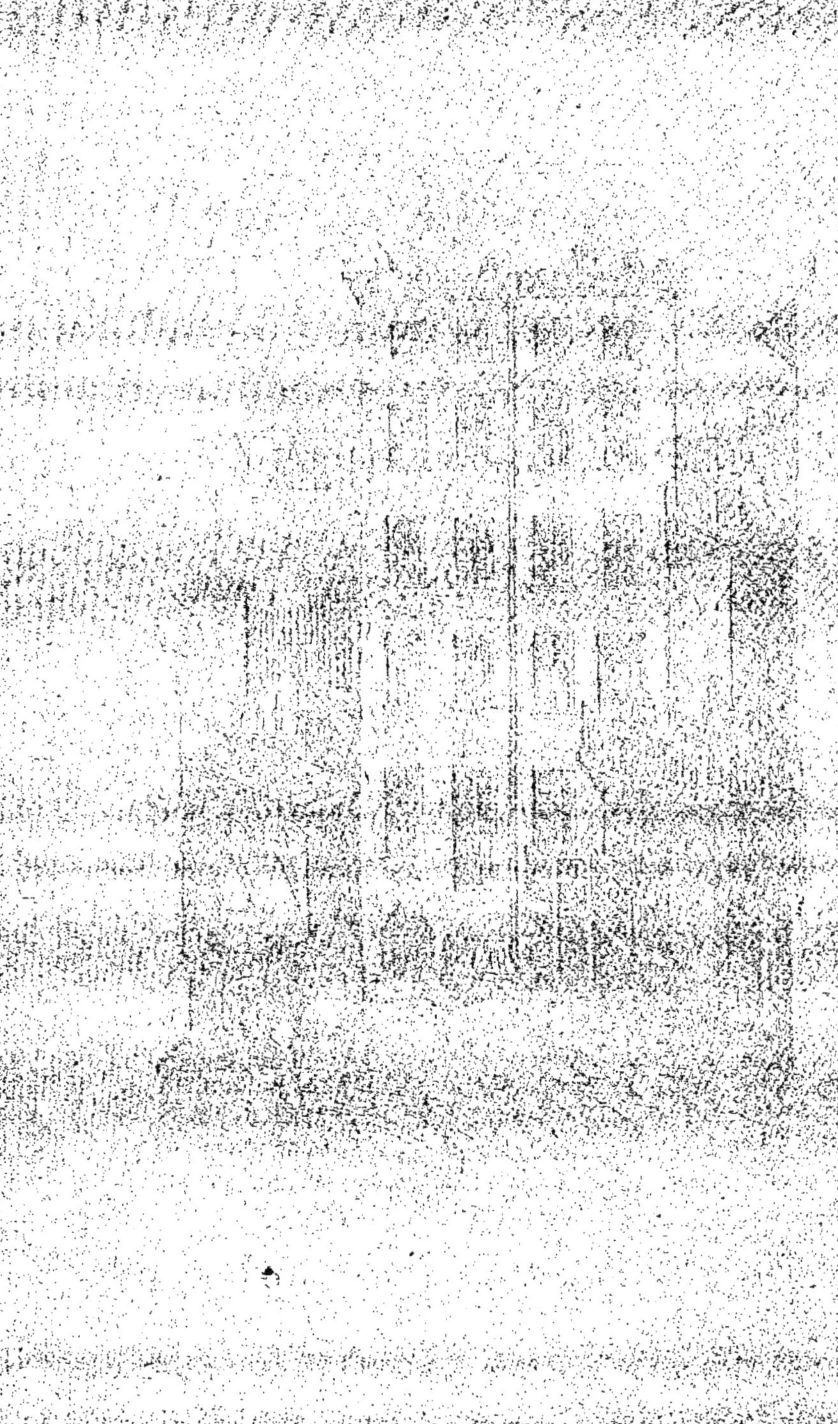

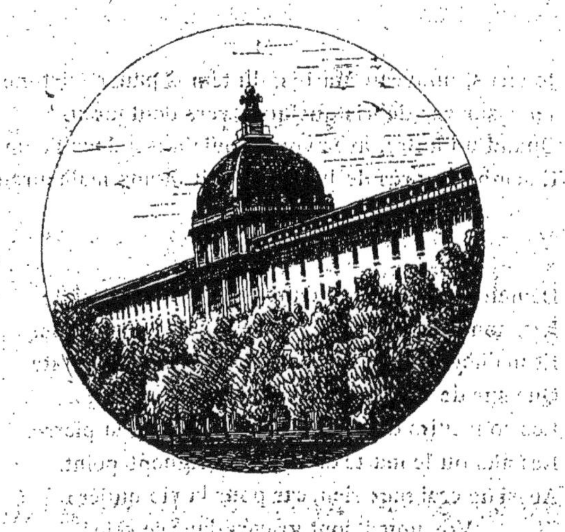

A la suite d'un tapage nocturne, l'Administration annonce aux internes que l'on va démolir la maison dite du Tiercelet, et que dorénavant les internes ne seront plus logés à l'Hôtel-Dieu : ils viennent m'inviter à un punch, me priant d'apporter une chanson de circonstance.

1861

Air du *Château des Papes.*

Avant que le marteau ne brise nos reliques
Vous m'avez rappelé pour pleurer avec vous.
Amis, merci, je viens; j'aimai ces murs antiques,
Je leur dois un adieu... nous leur en devons tous!!!
Sous le dôme au printemps les vieilles hirondelles
Retrouveront encor leur maternel abri...
Et moi, moi, dès demain, moi! moins fortuné qu'elles,
En vain j'y chercherai mon nid!!

Je viens, nouveau Marius, du temps pauvre victime,
Jeter sur ces débris quelques vers douloureux !
Quand un autre, avec vous, roule aussi dans l'abîme,
Il semble auprès de lui qu'on soit moins malheureux !

Demain vont s'effacer dans cette vieille enceinte
Les noms de mes amis sur tous ces murs tracés,
Et malheur à ceux-là qui n'ont laissé d'empreinte
Que sur de vils objets par le temps fracassés.
Les souvenirs du cœur durent plus que la pierre.
Les ans ou le marteau ne les atteignent point.
Aussi ne craignez rien, car pour la vie entière
Vos noms sont gravés dans ce coin !

Je viens, etc.

Demain tous pour s'instruire ; en vain l'on me réplique :
Vos fils à l'Hôtel-Dieu seront toujours admis,
Hélas ! j'entrevois dans leurs salles de clinique
Tout autant de savants, mais beaucoup moins d'amis.
A l'ombre de ce toit l'on faisait des confrères,
En meublant les cerveaux on unissait les cœurs,
Et demain, sans ces murs où s'aimèrent nos pères !
L'on ne fera que des... docteurs !!!

Je viens, etc.

A la lueur du punch, en voyant ces figures,
Je m'enlace encor plus au bras des souvenirs.
Les ans n'ont rien changé de nos vieilles allures.
J'éprouve en mes regrets de sinistres désirs !!!

Je voudrais à l'instant terminant ma carrière
Dans ces lieux, avec vous, nos dignes successeurs,
Que ce toit s'affaissât! vous couvrant de poussière,
Vandales administrateurs!!!

Je viens, etc.

LA VÉROLE

Air nouveau.

Chanson de circonstance, chantée à un banquet d'anciens médecins de l'hospice de l'Antiquaille.

1863.

Comme l'ivresse vient de boire...
La vérole vient de l'amour!...
« Aux premiers temps de son histoire,
Du moins, on le croyait un jour. »
Depuis... l'on sait qu'une nourrice
Peut tout autant que Cupidon,
Quand l'affection a le caprice
De mettre un poste au mamelon.

Et maintenant,
Sur ma parole,
C'est effrayant
De voir comment
Vient la vérole. } *ter.*

Souvent elle est héréditaire...
Alors, on ne sait jamais bien
Si c'est du père ou de la mère,
Ou bien... d'un autre... qu'elle vient ;
Car sachons, enfants d'Hippocrate,
Que souvent tout vient du parrain ;
Tant de bras pétrissent la pâte !
Qu'on n'y voit goutte en ce pétrin ! !

Non, maintenant,
Sur ma parole, etc.

De Viennois avant la tartine,
Pauvre Jenner ! t'en doutais-tu ?
Ce nourrisson je le vaccine
Et crac... au bras il est mordu !
Deux virus avaient même gîte
En ce tube *souillé de sang ;*
Pour l'exempter de la *petite*,
Je donne la *grosse* à l'enfant.

Oh ! non vraiment,
Sur ma parole, etc.

Tranquille, en buvant sa chopine,
Bacchus riait de tout cela :
Jamais, disait-il, cette mine
Au cuivre un jour ne tournera...
Mais un soir que, loin de Cythère,
Avec un vieux Faune il trinquait,
Sans s'en douter, au bord du verre
Par la lèvre il s'empoisonnait...

Oh ! non vraiment, etc.

Sans parler d'honteuse partie,
Elle nous vient par tous les bouts,
Et personne, dans cette vie,
Ne peut la prendre mieux que nous,
Car c'est elle seule qui paie
Souvent le toucher d'un moutard.
Des accoucheurs c'est la monnaie,
Témoin l'index de sœur Châtard !

Oh ! non vraiment, etc.

Le verrier comme nous la gagne
Dans l'exercice du métier,
Car cet horrible mal d'Espagne
Est aussi de Rive-de-Gier :
A ce fléau, dans ce bas monde,
Quand tous les pays ont passé,
En soufflant notre boule ronde
Jupin risqua d'être pincé.

Oh ! non vraiment, etc.

Puisqu'en trinquant il n'en faut qu'une,
Quand partout elle a tant de droits,
Cette pensée-là m'importune,
La prendrais-je, là, quand je bois ?
Si je la prends, jamais ma mère,
En me voyant rentrer si tard,
Ne voudra croire que l'affaire
Provienne d'un pareil hasard !

Oh ! non vraiment,
Sur ma parole, etc.

Bah ! trinquons ! car plus de mercure !
Vérole qu'on prend en dînant,
Se fait traiter par Epicure,
Et se guérit au restaurant.
De la prendre, ici, j'ai l'envie,
Ici, pour me mettre en pension,
Que m'importe la maladie,
J'en aime la médication !

Puis, maintenant,
Sur ma parole,
C'est consolant
De voir comment
Guérit vérole. } *ter.*

La rétribution des médecins du Dispensaire ayant été portée de 300 francs à 600 francs, à un dîner où se trouvaient quelques confrères du Dispensaire, j'improvisai la chanson suivante, sur l'air de l'*Ecu de France.*

1864.

Bon Lafontaine a-t-il raison
D'accuser la richesse
Du savetier dans la maison
D'apporter la tristesse ?
Deux siècles ou trois
Ont passé, je crois,
Depuis sa vieille fable
Et pourtant encor
Chacun aime l'or
Qu'il dit si méprisable ! (*bis.*)

Longtemps, l'aimable président
  De notre Dispensaire,
Quand on demandait plus d'argent,
  Ne nous en donnait guère ;
    « Non, non, qu'il disait,
    Je sais ce que c'est,
  Ça vous tiendrait en peine,
    L'or dans vos goussets
    Vous rendrait moins gais...
  Relisez Lafontaine !... » (*bis.*)

Moi, j'ai relu ce vieil auteur,
  Et ne crains point d'écrire
Que son héros est un farceur,
  Tendant sa tirelire.
    Au gros financier
    Qui pouvait payer,
  Vite il aurait dû dire :
    « Mets-en cent de plus !
    Car pour cent écus
  Franchement peut-on rire ? » (*bis.*)

Des cent écus chez nous, amis,
  L'on a doublé la dose
En avons-nous plus de soucis ?
  Voyons-nous moins en rose ?
    Non, non, sûrement.
    Lafontaine ment...
  Regardez cette table.
    La franche gaîté
    Mise en liberté
  Dément assez la fable ! (*bis.*)

« *L'argent ne fait pas le bonheur.* »
Oh ! la douce parole
Que le client dans le malheur
Par ces mots se console !...
Mais la vérité
A plus d'un côté,
Tous les dictons se valent :
Car « *l'argent souvent*
Donne du talent »
Est une autre morale. (*bis.*)

LE VIEUX BADAIRE

Badaire était un vieux chien de 12 ans. La veille de l'ouverture de la chasse, en 1855 (je crois), je lui adressai et il me répondit, les quelques couplets suivants.

Sur l'air de : *Souvenez-vous-en.*

C'est demain, mon vieux Badaire,
Que nous aurons bien à faire !
Diane nous dit en chantant :
« Souvenez-vous-en ! souvenez-vous-en !!
C'est demain le fameux jour, } *bis.*
Fêtez-en bien le retour ! »

Mais, maître, à ma grise mine
Facilement on devine
Que j'irai bien mollement.
Souvenez-vous-en ! souvenez-vous-en !!
A douze ans, le meilleur chien
Ne sert guère plus de rien. } *bis.*

Surtout n'allez pas trop vite,
Je n'aime pas qu'on me quitte.
Arrêtez bien prudemment.
Souvenez-vous-en ! souvenez-vous-en !!
Car pour vous suivre, je cours...
... Et je m'essouffle toujours !! } *bis.*

N'accusez point ma vitesse,
Mais plutôt votre paresse.....
Vous allez trop lentement.
Souvenez-vous-en ! souvenez-vous-en !!
Le ventre qui vous retient
Fait... accuser votre chien. } *bis.*

Oui, demain, sur mon derrière
Vous verrez la gibecière
Que vous remplîtes souvent.
Souvenez-vous-en ! souvenez-vous-en !!
Rappelez-vous ces beaux jours,
Où vous rapportiez toujours ! } *bis.*

Si vous attrapez la cible,
Je ferai bien mon possible
Pour la marquer de ma dent.
Souvenez-vous-en! souvenez-vous-en!!
Mais... si je n'apporte rien
N'accusez pas... que le chien! } *bis.*

LE VIEUX GARDE

Air des *Deux gendarmes.*

Un homme, à la moustache blanche,
En habit vert, au nez rougeaud,
Au cabaret, un beau dimanche,
Traînait des chasseurs en défaut ;
... Puis... il dit : « Arrangeons l'affaire.
Apporte à boire, Jeanneton ! »
Chacun lui répondait : Compère,
Compère, vous avez raison. } *bis.*

Si de chasser il vous démange,
... Chassez loin des vignes, morbleu !
Car je protège la vendange,
Moi, par amour du petit bleu !
Je l'aime ! et quand j'en bois un verre,
Un procès-verbal n'est plus bon !

Chacun lui, etc.

Je suis un vieux du vieil empire,
Vingt-un ans j'ai fait mon devoir...
Un grognard ne devrait pas rire...
... Un procès vous devriez avoir...!
Mais, après tout, la vie est chère
Quand on craint l'eau dans sa boisson.

Chacun lui, etc.

Au nez des rois, à la cantine
J'ai bu le vin de leurs caveaux...!
Mais nous valions, je l'imagine,
Plus d'un pourboire aux maréchaux...
... Car bien des choses sur la terre
S'arrangent de cette façon...!!

Chacun lui, etc.

L'on mit bien des pots en bataille...
... L'auberge se ferma bien tard...

Le garde, en frottant la muraille,
En partant fit : « Je suis pochard !!
Mais! tant pis! pour eux, s'ils m'enterrent...
Tous les chasseurs me pleureront... !! »

Puis on lui répétait : Compère,
Compère, vous avez raison. } *bis.*

LE JOUR DE L'AN DE 1870

Air « *Voyez là-haut cette pauvre fenêtre !* »

Dès que le jour commençait à paraître,
D'affreux joueurs d'un barbare instrument,
Dans l'espoir qu'on ouvrirait la fenêtre,
M'ont réveillé par cet air agaçant.
Assez ! maudit orgue de Barbarie,
  Assez ! tes airs me sont connus,
C'est de nouveau, c'est le Temps qui me crie
  « Un an de moins ! c'est un de plus !! »

Assez ! tu vas réveiller mon Gustave,
Ah ! n'apprends rien encor à cet enfant,
Laisse dormir cet âge en paix qui brave
Le temps pour moi qui me voûte d'un cran.
Assez ! maudit orgue de Barbarie,
  Assez ! etc.

Saute au moins l'air, l'air officiel d'Hortense,
Si tu ne peux jouer les Girondins !
Mais la police a tout réglé d'avance !
Dans notre cage, on nous traite en serins !
Assez ! maudit ! etc.

Mais à tourner ma musette s'oublie,
Changeons au moins le ton de l'instrument.
N'attendons point qu'à son tour on lui crie
Ce qu'elle crie au joueur ambulant.
Assez ! maudit orgue de Barbarie
Assez ! tes airs nous sont connus !
Nous en avons bien assez de ta scie
Sans un autre air ne reviens plus !!

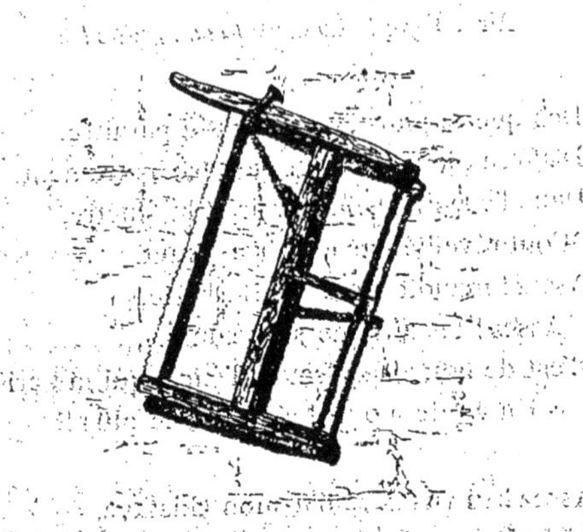

LA BATTUE AUX RENARDS

Chantée en 1866 à Iseron, sur l'air de la *Fanfare du renard.*

L'on a dit que les basses-cours
Nous appelaient à leur secours...
Qu'à la volaille,
Rouge canaille,
Maraut saigneur
Faisait grand'peur ;
Et nous sommes soudain partis
Pour en délivrer le pays ! } *bis.*

Pour mener le traître en prison
L'on a pris les *bleus* du canton,
    Mais à la barre,
    Le vieux barbare
    N'a, comme Jud,
    Pas comparu...
... Gendarmes, cela fait deux fois } *bis.*
Qu'on se rit de vous et des lois! }

Pauvres poulets! pauvres dindons!
Vous avez eu tort, j'en réponds,
    Car on vous plume!
    Et l'on allume
    Tous les fourneaux!
    Tous les réchauds!
De notre secours pour le prix, } *bis.*
L'on vous sert rôtis ou bouillis! }

Dinde, poulet, pigeon, canard,
Tout est ici bardé de lard...
    C'est un massacre!
    A Saint-Jean-d'Acre,
    Même à Jaffa,
    L'on n'a vu ça!
Vingt renards dans un poulailler } *bis.*
Auraient moins de casse à payer! }

Des grenouilles la nation
De son roi fait l'élection,
C'est l'Allemagne,
Que Bismarck gagne,
Et qu'il défend
En l'avalant... !
Comme toujours, comme partout } *bis.*
A ceux qu'on *sauve* on tord le cou. }

LE PAPILLON DE NUIT

Un soir au Poirier.

Sot papillon, qui franchis ma fenêtre,
Sur mon flambeau pour venir voltiger,
... Serait-ce Dieu qui t'enverrait peut-être
Pour me montrer l'exemple du danger ?
Que de flambeaux dans ce monde ici-bas!
D'ambitions! d'illusions mortelles!
Tout ce qui brille, ici, nous trompe, hélas!
Gare, imprudent, tu vas brûler tes ailes!!! } *bis.*

Un conquérant grisé par la victoire,
Par elle, un jour, crut pouvoir tout dompter,
Mais par trop près du flambeau de la gloire
Il se laissa dans son vol emporter,
Le monde entier, témoin de ses ébats,
L'a vu jeter de grandes étincelles.....
... Tout ce qui brille, ici, nous trompe, hélas!
Napoléon avait brûlé ses ailes!!! } *bis.*

Qui, de la vie en faisant le voyage,
En cheminant des langes au tombeau,
Qui ne fut point victime d'un mirage ?
Ah ! que n'es-tu venu chez moi plus tôt !
Pour toi, du moins, tu ne souffriras pas ;
Crois-moi, crois-moi, ces flammes sont cruelles.
Tout ce qui brille, ici, nous trompe, hélas ! } *bis.*
Crois-moi, crois-moi, n'y porte point tes ailes }

Retourne, insecte, aux fleurs de la vallée,
Dans l'ombre il est moins cruel de finir.
J'éteins ma lampe, adieu, belle veillée,
Sans plus rêver, moi je vais m'endormir.
Dans l'avenir choisissons mieux nos pas,
Servons-nous l'un à l'autre de modèle...
Si ce qui brille, ici, nous trompe, hélas ! } *bis.*
Sages tous deux, n'y brûlons plus notre aile. }

IL FAUT POUSSER LA CARRIOLE

A l'abbé X., qui avait retiré sa carte du Dispensaire à une malade.

Air de l'*Ane*.

Année 1865.

Quand pour gravir une pente
Qui veut un coup de collier,
Je vois des gens qui se tourmentent,
Je ne me fais jamais prier.

Vite, et sans aucun contrôle,
Qu'ils soient Juifs ou Francs-Maçons,
Je pousse, moi, la carriole
Quand elle marche à reculons ! } *bis.*

Mainte charrette sur terre
Réclame ce coup de main,
A chaque pas c'est la misère
Qui fait la pente du chemin ;
De l'homme, ici-bas, le rôle,
Comme on fait au bout des ponts,
C'est de pousser la carriole
Quand elle marche à reculons ! } *bis.*

Par malheur que sur la route
L'on voit parfois des gandins
Que cette besogne dégoûte.....
La peur de se salir les mains..... !
C'est honteux, sur ma parole !
Je devrais dire leurs noms !
...Ne pas pousser la carriole
Quand elle marche à reculons ! ! } *bis.*

Aidez-vous les uns les autres..... !
De vingt siècles c'est le cri,
Avant nous l'ont dit les Apôtres,
Avant eux l'a dit Jésus-Christ..... !

Méditez ma parabole,
Vous qui faites des sermons,
Mais... poussez donc la carriole
Quand elle marche à reculons !! } *bis.*

LE REVENANT

Air du *Corbeau*.

Viennois avait donné sa démission depuis trois mois, puis il demande et obtient de revenir sur cette décision en rentrant à l'internat.

L'on s'est lassé des rois, puis de la République...
L'on se lasse de tout, sauf de son internat.
Français de ce côté, versatile en musique,
Je vais, changeant de ton, chanter cette fois-là
Sur l'air du tra de ri de ra,
Sur l'air du tra de ri de ra (*bis.*)
Et tra la la!

Je veux, sur cet air-là, si ma muse est féconde,
De notre Tiercelet vous conter les cancans,
Montrer Croquemitaine... étonner tout le monde,
Prouver qu'on n'est pas fou de croire aux revenants !
Sur l'air du tra de ri de ra, etc.

Ces gens-là, direz-vous, gibier de cimetière !
Conte à dormir debout dont nous sommes trop las !
Quand même Legrand leur fumerait au derrière,
Quand les morts sont bien morts ils n'en reviennent pas !
Sur l'air du tra de ri de ra, etc.

Croquemitaine existe... il enleva naguère
Un enfant parmi nous que nous pleurâmes tant.
J'étais doyen alors, j'enrageai de colère,
Mais de ses mains ne pus arracher cet enfant.
Sur l'air du tra de ri de ra, etc.

Six mois après ce coup, pour réparer son crime,
Le grand Croquemitaine un jour se dérida...
Il tira d'une fosse une vieille victime
Et la rendit vivante aux bras de l'internat !
Sur l'air du tra de ri de ra, etc.

Buvons au revenant ! Versez sans perdre haleine.
Buvons à la santé des morts et des vivants !
Au pouvoir souverain du grand Croquemitaine !
Que tous les morts, ici, ne soient-ils revenants !
Sur l'air du tra de ri de ra, etc.

De ma sotte chanson pour tirer la morale,
C'est qu'il faut dans ce monde, amis, s'attendre à tout,
Croire que Vissaguet à tout propos s'emballe
Et qu'un œil en émail peut s'enflammer d'un coup.
Sur l'air du tra de ri de ra, etc.

LES MORVEUX

Compte-rendu de la discussion sur la morve à l'Académie.

Tous ces gros de l'Académie
Ont des chevaux à l'écurie.....
Je ne suis pas si compétent,
N'ayant ni bidet ni carrosse,
Roulant à pied toujours ma bosse,
Puis n'étant pas aussi savant! *(bis.)*
Mais, après tout, le solipède
N'ayant pas seul ce mal affreux,
Je puis bien chercher le remède
Pour guérir tant d'autres morveux!! *(ter.)*

A coup sûr Bouley peut prétendre
Qu'on ne peut guère se méprendre
Entre la morve et le farcin,
Car j'en connais, moi, plus de quatre,
Si je pouvais les faire abattre,
Qui n'auraient pas l'intérieur sain. (*bis.*)
Car, sans voir du mal la racine,
Le cas longtemps n'est pas douteux.....
Dans le maintien, ou sur la mine,
Un rien vous dénote un morveux ! ! (*ter.*)

A les traiter quelle misère !
.....Les remèdes là ne font guère.
Bien les panser, bien les nourrir,
C'est toute la thérapeutique
De la morve aiguë ou chronique.
.....Isolés, ils doivent mourir..... ! (*bis.*)
En vain Jules Guérin nous crie :
« J'ai guéri de ces malheureux ! »
.....Il s'est trompé de maladie,
Incurables sont les morveux ! ! (*ter.*)

Pour le gandin ou la coquette
En passant près de moi qui jette
Certain regard d'un air hautain,
Je voudrais faire une ordonnance ;
Réfléchissons en conséquence,
En charitable médecin. (*bis.*)
Ces gens tiennent à ce qui brille,
Traitons-les donc selon leurs vœux,
Et..... donnons-leur un coup d'étrille !
.....Ça fait tant de bien aux morveux ! (*ter.*)

Mais qu'ai-je appris ! l'Académie
En discutant s'est assombrie.
J'entends du bruit ! mais qu'est-ce donc ?
On réclame à... quelqu'un ses titres
Tout en terminant les chapitres
De la morve en cette maison..... (*bis.*)
Car, la chose étant virulente,
Chacun s'est dit : « Ouvrons les yeux.....
Sachons, au moins, qui nous fréquente.....
.....De peur de devenir morveux ! » (*ter.*)

L'AIR COMPRIMÉ

Air : *Amis, la matinée est belle,* de la *Muette.*

A mon ami Pravaz, chantée aux Etroits.

Amis ! enfin la table est mise !...
Les vieux, les bons sont réunis
Que la gaîté soit leur devise,
Chantons pour chasser les soucis !
Sautez, bouchons ! tonnez, bouteilles !
Pan ! pan ! Champagne bien-aimé !
Ouvre-nous tes sources vermeilles.
Pan ! pan ! Champagne bien-aimé !
Tu guéris tout ! C'est de l'air comprimé ! (*bis.*)

Ailleurs notre gaîté sommeille
Comme ces gaz en ce flacon,
La profession c'est la bouteille...
La gravité c'est le bouchon... !
Mais quand le destin nous rassemble,
Pan ! pan ! Bacchanal et gaîté !
De ce bruit que la salle tremble
Pan ! pan ! Bacchanal et gaîté !
Mettons, amis, le gaz en liberté ! (*bis.*)

Aux clients donnons de l'eau claire ;
Gardons pour nous ce biberon :
Pour eux, condensons... l'atmosphère !...
Du Cliquot gardons le piston.
... Si l'un de nous tombe malade,
Pan ! pan ! Champagne bien-aimé !
C'est ce qu'il faut au camarade,
Pan ! pan ! Champagne bien-aimé !
Tu guéris tout ! C'est de l'air comprimé ! (*bis.*)

MANIÈRE DE RECEVOIR LES AMIS AU POIRIER

Air des *Canotiers.*

Mes amis, point ne comptez
Trouver table princière...
A coup sûr là vous n'aurez
De laquais au derrière...
Pour recevoir là quand on vient,
Pour tout valet je n'ai qu'un chien
On le siffle... il vient
Ça fait aussi bien...
... Voilà notre manière !!! *bis.*

En partant, j'ai dans son coin
Laissé ma cuisinière.
Mes enfants, vous n'aurez point
De filet financière...
Mettant le vin dans les rognons
Et dans la soupe les oignons,
D'un tour de bâton,
Je suis marmiton !
... Voilà notre manière !!! } *bis.*

Quand vous voulez vous chauffer
Devant cette foyère.
D'abord vous allez chercher
Un arbre à la rivière.
Quand vous avez fait votre choix,
Vous le sciez en deux ou trois.
De fendre du bois
Ça chauffe les doigts !...
Voilà notre manière !!! } *bis.*

Si quelqu'un veut boire de l'eau,
Ce qui n'arrive guère,
En vain on en cherche un seau
Dans la maison entière...
... Le puits est loin, et le tonneau
Est là tout près dans le caveau...
Et puis, en un mot,
L'eau ça gonfle trop !
Voilà notre manière !!! } *bis.*

Ce n'est plus comme au taillis
De la Pocachardière,
Bien rarement je remplis
Par là ma gibecière...
... Des lièvres boire à la santé
A leur longue postérité,
Sans trop s'éreinter
Bien rire et chanter...
Voilà notre manière ! ! ! } *bis.*

QU'EST-CE QU'UN LOUP-GAROU ?

Air du *Festin de Balthazar.*

Cette question embarrassante d'histoire naturelle m'ayant été posée par mon neveu, âgé alors de six ans, voici comment je l'ai résolue.

Un certain soir, dans un village,
Bien loin d'ici, je ne sais où,
Quittant prestement son ouvrage,
Chacun criait : Au loup ! au loup !
Enfants, sauvez-vous ! gare ! gare !
Mettez en rentrant le verrou,
C'est la bête la plus barbare,
C'en est un de vrai loup-garou ! !

Oh ! oh ! la belle histoire,
Etait-ce bien un loup ?
Moi, j'aurais voulu, pour y croire,
L'avoir vu d'abord avant tout. (*bis.*)

C'est le messager du grand Diable,
Il ne mange que des enfants.
Dessus son dos, chose effroyable,
Se dresse un million de serpents;
C'est la mort où le sortilége
Que partout il sème en passant :
L'on dit que sous ses pas la neige
Prend soudain la couleur du sang.

Oh ! oh ! la belle histoire, etc.

L'on dit que le plus grand des braves
Ne peut supporter son regard ;
Eût-il fait sept ans aux zouaves,
S'il n'a grand'peur, c'est un hasard.
On l'a vu dans la rivière
Aux eaux mettre soudain le feu.
Les impies sont en prière !
Les savants n'y voient que du bleu ! !

Oh ! oh ! la belle histoire, etc.

Chacun tremblait en sa demeure,
De Dieu l'on craignait le courroux.
En attendant leur dernière heure
Les vieillards tombaient à genoux.
Mais sitôt que parut l'aurore,
Courant se renseigner partout,
Chacun en frissonnait encore,
Mais aucun n'avait vu le loup.

Au diable ton histoire!
Qu'était-ce donc ce loup ?
Puis, avant de m'y faire croire,
Dis-moi : qu'est-ce qu'un loup garou ? (*bis.*)

Le loup-garou n'existe guère,
Mais on en parle un peu partout.
Quand ils y trouvent leur affaire,
Bien des gens font courir ce loup.
C'est un bruit que les faits démentent,
C'est un mensonge scandaleux
Fait pour faire... baisser la rente,
Et spéculer sur les peureux.

C'est là toute l'histoire
De plus d'un loup-garou.
Petit enfant, l'on peut y croire...
Homme, l'on n'y croit plus du tout...!! (*bis.*)

LA FOSSE A PURIN

A mon ami le docteur Pupier, qui m'avait mis au défi
de faire une chanson sur ce sujet.

Vichy, 1875.

Derrière la dernière étoile,
Des cieux au delà de l'azur,
Derrière... je me dis : C'est sûr,
Ce n'est point le fond de la toile .... !
Mais à quoi bon, quand on raisonne,
Chercher aussi loin l'infini.....?

..... Sans cesse on sème ou l'on moissonne.
Épi fait grain, grain fait épi... !
C'est un courant qui tourbillonne.....!
Tout passe ! mais... rien ne finit !!

Baptiste, qui comprend la chose,
Sous une voûte, en un grand trou
Recueille l'eau de maint égout.
Là maint débris se décompose.....
Ce gaz impur, là, qui bouillonne
Me parle encor de l'infini..... !

Sans cesse on sème ou l'on moissonne.
Épi fait grain, grain fait épi... !
C'est un courant qui tourbillonne..... !
Tout passe ! mais rien ne finit !!

Mes vaches aux fleurs l'avaient prise,
Cette eau noire, aux prés, en broutant,
Aussi point n'est-il surprenant
Que Baptiste aux prés l'ait remise.
Ce foin parfumé qui foisonne,
C'est le fumier qui refleurit.

Sans cesse on sème ou l'on moissonne.
Épi fait grain, grain fait épi !
C'est un courant qui tourbillonne...
Tout passe ! mais rien ne finit... !

Mais laissons retomber la dalle,
Zénon, sur ma fosse à purin,
De sa chanson sois le parrain
Si tu ne la trouves trop sale :
C'est le baiser qu'en partant donne
Le vieux Poirier au bon Vichy,

En attendant qu'à cet automne
Sur les lieux nous chantions ceci :
C'est un courant qui tourbillonne... !
Tout passe ! mais rien ne finit !!

N'OUBLIONS RIEN!

A mes quatre fils.

Air *Combien j'ai douce souvenance.*

1878.

Combien j'ai triste souvenance
De ces si mauvais jours de France!
Chaque soir, en mauvais chrétien,
J'y pense!.....
Ah! mes enfants, ah! n'oublions rien,
Non, rien!

Qu'on prêche l'oubli des injures !
Le pardon pour tous les parjures !
Qu'on rende les mains du Prussien
Bien pures !.....
Ah ! mes enfants, ah ! n'oublions rien,
Non, rien !

Plus criminels que leurs ancêtres,
Chez nous j'ai vu, j'ai vu les maîtres
Vouloir se sauver au moyen
Des traîtres !
Ah ! mes enfants, ah ! n'oublions rien,
Non, rien !

Souvenez-vous bien de Bazaine,
De Satan, au moins, au domaine
Priez Dieu qu'il finisse bien
Sa peine !...
Ah ! mes enfants, ah ! n'oublions rien,
Non, rien !

Quel que soit le temps qui se passe
Tant que, là-bas, sera l'Alsace.....
Se retrouver il faudra bien
En face !!...
Ah ! mes enfants, ah ! n'oublions rien,
Non, rien !

Si, quand sonnera la vengeance,
Mon bras est trop vieux pour la France,
Chacun de vous tendra le sien,
Je pense !
Ah ! mes enfants, ! ah ! n'oublions rien,
Non, rien !

LE PREMIER CRI

1879.

Le premier cri... le premier cri !...
C'est le chant de la délivrance !...
Tout est heureux dans l'assistance,
L'accoucheur va se mettre au lit !...
Il doit chanter au moins, j'y pense,
Ce premier cri, ce premier cri.

Ce premier cri, ce premier cri
Fait accourir mainte commère.
On dit : « C'est le portrait du père. »
Chacun admire le petit.
Ah ! garde, ne faites pas taire
Ce premier cri, ce premier cri !

Ce premier cri, ce premier cri
Fait que déjà l'on s'inquiète :
A-t-il mal au ventre ? à la tête ?
Déjà c'est un premier souci,
Mère, qu'au fond du cœur vous jette
Ce premier cri, ce premier cri.

Ce premier cri, ce premier cri
De longs sanglots c'est un délire!...
C'est qu'en ce monde on ne doit rire,
L'instinct premier en avertit.
... C'est simplement ce que veut dire
Ce premier cri, ce premier cri!...

Ce premier cri, ce premier cri,
Pauvre mère, à votre vieillesse
Qu'il ne cause point de tristesse!
Qu'il soit un souvenir béni!
Ah! vieillissez dans l'allégresse
Du premier cri, du premier cri!

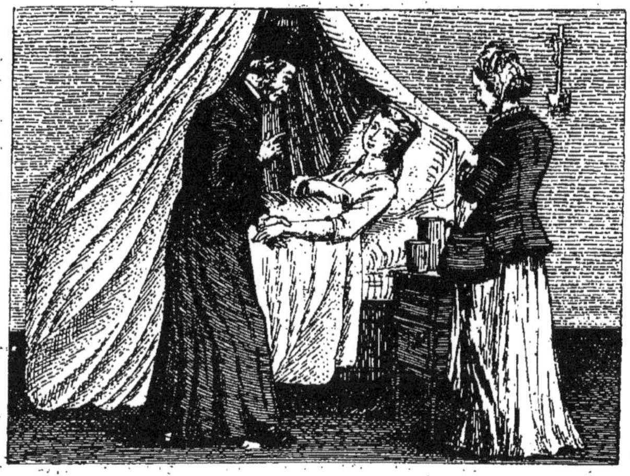

LE DERNIER CRI

1878.

« N'est-ce pas que je guérirai ? »
C'était ma première visite.
Un faible oui je dis... bien vite,
En ajoutant : « Je reviendrai... »
Elle reprit, pauvre petite :
« N'est-ce pas que je guérirai ? »

N'est-ce pas que je guérirai ?
Ce fut encor le coup de lance
Qu'au retour ma pauvre science
Auprès de son lit recevait.....
« Vous avez calmé ma souffrance ;
N'est-ce pas que je guérirai ? »

« N'est-ce pas que je guérirai ?
Vous avez bien ma confiance. »
Et le pouls tombe en ma présence,
Mon doigt le suit, puis... le perdait.
L'enfant s'éteint, se tait, mais... pense :
N'est-ce pas que je guérirai ?...

« N'est-ce pas que je guérirai ? »
Dieu, qui fis ce cri d'espérance,
Si j'avais ta toute-puissance,
Que de fois j'eusse consolé
A cet appel d'ultime instance :
N'est-ce pas que je guérirai ?

« N'est-ce pas que je guérirai ? »
Tout le monde n'est pas Socrate.
De courage avant l'on se flatte.
Qui sait ? peut-être je dirai,
De la mort sous la froide patte :
... N'est-ce pas que je guérirai ?

ÉPILOGUE

AUX AMIS ÉDITEURS

D'une beauté qui fut notre maîtresse
Ce livre-là c'est la carte-portrait.....
Cette beauté s'appelait..... la jeunesse,
Dans notre album cette tête manquait;
Sur votre table ou votre cheminée
Mettez-la donc... mais cachez-en l'auteur,
Car ses serments s'envolent en fumée,
Et ses couplets méritaient moins d'honneur...

LEVRAT.

LE TRAVAIL FAIT
HUMANITE
L'AMITIE

TABLE

13

BIBLIOTHÈQUE NATIONALE
RF
IMPRIMÉS

Achevé d'imprimer, pour les éditeurs des SOUVENIRS D'INTERNAT,

en septembre 1880, par l'Imprimerie Générale de Lyon.